メニューの操作方法

DVD メニューの使い方

DVD+Book

超スロー
48式太極拳

DVD+Book

第1段

通し演武のページへ

00	起 勢	(チー・シー)
01	白鶴亮翅	(バイ・フー・リャン・チー)
02	左摟膝拗歩	(ズォ・ロウ・シー・アオ・ブー)
03	左単鞭	(ズォ・ダン・ビェン)
04	左琵琶勢	(ズォ・ピー・パー・シ)
05	捋擠勢	(リュウ・ジー・シ)
06	左搬攬捶	(ズォ・パン・ラン・チュエイ)
07	左掤捋擠按	(ズォ・パンリュウ・ジー・アン)

■00式から07式の演武を繋げて見る

正面から見る

背面から見る

2段のページへ

- まず、DVD プレイヤーにディスクを挿入します。
- DVD の読み込みが終わると、テレビ画面には『第一段』のメニューが表示されます。

JN082507

◀この袋の中には DVD が2枚入ってます。

● 『00 式 〜 07 式』 を選んだ場合

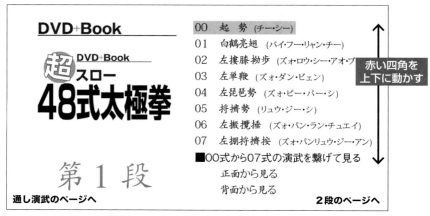

● 『第 1 段』 のメニューの中から、お好みの 『式』 を選びます。

ご覧になりたい項目をＤＶＤプレイヤーのリモコンの十字キーを使い、
赤マークを上下に移動して選択し、決定します。

●ここでは、例として 『00 起　勢』 （チー・シー） を選択します。

● 『解説を見る』 を選んだ場合

　　● 『起勢』 のメニューで 『解説を見る』 を選ぶと、著者が太極拳を演武しな
　　がらナレーションで解説をします。
　　●正面から見た映像と背面から見た映像を駆使し、ゆっくりと動きながら解
　　説して行くため、動きに置いていかれる事なく十分に理解できます。

　　●型をひと通り解説したら、最後に通した演武が再生されます。

● 『何度も繰り返して見る』を選んだ場合

● 『何度も繰り返して見る』は、一つの式を何度も何度も繰り返して自動再生してくれるモードです。各式の動作の再生が終わると自動でその式の頭に戻って再生してくれるので、いちいち、リモコンで操作する必要もありません。

●再生を始めたら、ただ、演武を見て練習するだけなのです。

正面モード　　　　　　　　　　　背面モード

●お好みの向きを選べるように、『正面』と『背面』を用意しました。

●メニュー画面に戻りたい場合は、リモコンのメニューボタンを押すと上記の画面のメニューに戻ります。

● 『01 式 〜 10 式』をひと通り覚えたら

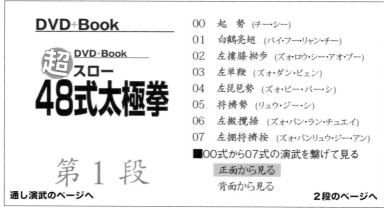

DVD+Book

超スロー
48式太極拳

DVD+Book

第１段

通し演武のページへ

00　起　勢　(チー・シー)
01　白鶴亮翅　(バイ・フー・リャン・チー)
02　左摟膝拗歩　(ズォ・ロウ・シー・アオ・ブー)
03　左単鞭　(ズォ・ダン・ビェン)
04　左琵琶勢　(ズォ・ピー・パー・シ)
05　捋擠勢　(リュウ・ジー・シ)
06　左搬攬捶　(ズォ・パン・ラン・チュエイ)
07　左掤捋擠按　(ズォ・パンリュウ・ジー・アン)
■00式から07式の演武を繋げて見る
正面から見る
背面から見る

2段のページへ

●『第一段』のメニューの式をひと通り覚えたら、次に『00 〜 07 式』を繋げて練習してみましょう。その時に役に立つのが、メニュー画面の下方にある『00 式から 07 式の演武を繋げて見る』となります。

正面モード　　　　　　　　　　　背面モード

お好みの向きを選べるように、『正面』と『背面』を用意しました。
動画はスローモーションで再生されます。

●起勢から収勢（頭から最後）まで通した演武を見る

DVD+Book

超スロー
48式太極拳

第１段

通し演武のページへ

00	起 勢	（チー・シー）
01	白鶴亮翅	（バイ・フー・リャン・チー）
02	左摟膝拗歩	（ズォ・ロウ・シー・アオ・ブー）
03	左単鞭	（ズォ・ダン・ビェン）
04	左琵琶勢	（ズォ・ピー・パー・シ）
05	捋擠勢	（リュウ・ジー・シ）
06	左搬攬捶	（ズォ・バン・ラン・チュエイ）
07	左掤捋擠按	（ズォ・バンリュウ・ジー・アン）

■00式から07式の演武を繋げて見る
　　正面から見る
　　背面から見る

２段のページへ

●この２枚の DVD には、48 式太極拳を頭から最後まで演武を通した
映像が収録されています。

●上記のメニューで、リモコンの十字キーの『**左ボタン**』を押すと、
下記の『**通し演武のメニュー**』に移動します。

超スロー
48式太極拳

　通し演武（スローモーション）

　　正面・スロー

　　背面・スロー

赤い四角を
上下に動かす

３段のページへ　　　　　　　　　　　　　　　　　１段のページへ

●通常のスピードとスローモーションを用意しましたので、ご希望
のスピードでお楽しみ下さい。映像は、『正面』『背面』を選べます。

●注　意

１枚目に**スローバージョン**、２枚目に**通常速度**が収録されてます！

DVD2枚組

DVD+Book

中国制定太極拳

超スロー
48式太極拳

大畑 裕史 著

ナレーション解説

・48式太極拳の型をやさしく解説！
・型の解説は、通常の動きよりゆっくりと動いた演武に合わせてナレーションで説明
・動きの正誤を2画面を使って丁寧に解説

演武練習用モード

・ひとつの型を正面・背面（側面）より何度も繰り返して練習できるモードを搭載
・通し演武は、標準よりゆっくりと表演するため目で追えるので置いて行かれる事がない

AIRYUDO

もくじ

メニューの操作方法　03

全動作解説　48式太極拳　08

起　勢 ……… 09
第 01 式　白鶴亮翅 ……… 10
第 02 式　左攄膝拗歩 ……… 12
第 03 式　左単鞭 ……… 14
第 04 式　左琵琶勢 ……… 18
第 05 式　捋擠勢 ……… 20
第 06 式　左搬攔捶 ……… 26
第 07 式　左掤捋擠按 ……… 30
第 08 式　斜身靠 ……… 34
第 09 式　肘底捶 ……… 36
第 10 式　倒捲肱 ……… 40
第 11 式　転身推掌 ……… 48
第 12 式　右琵琶式 ……… 53
第 13 式　攄膝栽捶 ……… 54
第 14 式　白蛇吐信 ……… 57
第 15 式　拍脚伏虎 ……… 60
第 16 式　左撇身捶 ……… 66
第 17 式　穿拳下勢 ……… 68
第 18 式　独立撑掌 ……… 70
第 19 式　右単鞭 ……… 73
第 20 式　右雲手 ……… 78
第 21 式　右左分鬃 ……… 84
第 22 式　高探馬 ……… 88
第 23 式　右蹬脚 ……… 90
第 24 式　双峰貫耳 ……… 94

第 25 式　左蹬脚 ……… 96
第 26 式　掩手撩拳 ……… 98
第 27 式　海底針 ……… 100
第 28 式　閃通背 ……… 101
第 29 式　右左分脚 ……… 102
第 30 式　攄膝拗歩 ……… 106
第 31 式　上歩擒打 ……… 110
第 32 式　如封似閉 ……… 112
第 33 式　左雲手 ……… 114
第 34 式　右撇身捶 ……… 120
第 35 式　左右穿梭 ……… 122
第 36 式　退歩穿掌 ……… 128
第 37 式　虚歩圧掌 ……… 130
第 38 式　独立托掌 ……… 132
第 39 式　馬歩靠 ……… 134
第 40 式　転身大将 ……… 136
第 41 式　撩掌下勢 ……… 140
第 42 式　上歩七星 ……… 144
第 43 式　独立跨虎 ……… 146
第 44 式　転身擺蓮 ……… 148
第 45 式　弯弓射虎 ……… 150
第 46 式　右搬攔捶 ……… 151
第 47 式　右掤捋擠按 ……… 154
第 48 式　十字手 ……… 158
収　勢 ……… 159

48式太極拳

全動作解説

１．リラックスした状態で両足を揃えて立ちます。	２．左足を左へ肩幅と同じ程に開きます。	３．前に向かって跳ね上げるように、両手を肩まで上げます。	４．ややヒジを曲げながら、両手を真下へ下げます。

 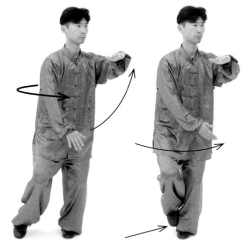 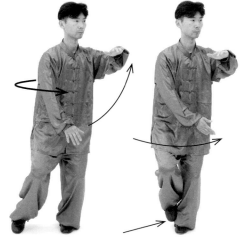 

1．起勢の
つづきより、

2．上体を左へ
開き、左手は左
へあげます。

3．右足は左足
に寄せてから、

4．後方へ引きます。

つま先を
下ろす

5．上体を右へ向
けて、両手を顔前
で合わせます。

6．右手を右頭
上へ上げ、左手
を真下へ下ろし、

7．右足に重心
をかけて、左足
を上げます。

8．両手を左右に開
き、上体を左へ向け
て正面を向き、左足
はつま先を着けます。

02　第02式　左攬膝拗歩　（ズォ・ロウ・シー・アオ・ブー）

１．白鶴亮翅の
つづきより、

２．上体を左へ向け
て、右手は内に払い、
顔の前を通します。

３．両手を上下
に入れ替えます。

４．上体を右へ向け
て、左手は内に払い、
顔の前を通します。

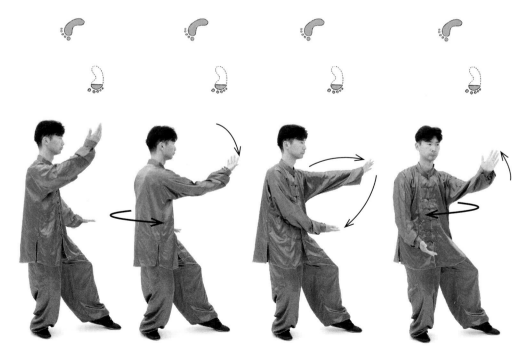

5．右手を右後方へ
払い、左手を右手と
同じ側へ払います。

6．左足を引き
寄せます。

7．左足をやや
左へ踏み、

8．上体を左へ向けて、
左手を左へ払い、右手
は前に伸ばします。

1．左摟膝拗歩の
続きより、

2．右足に重心をかけ、

3．左足はつま先
を内に入れます。

4．左手を上、右
手を下へ払います。

５．上体を左へ
向けて、右足を
引き寄せます。

６．右足を右前
に踏み込み、

７．右手を前に伸
ばして、左手は右
手首に合わせます。

８．後ろに重心をかけ
て、上体を右へ向け、

15

9. 右手はヒジ
を曲げて、顔ま
で引き寄せて、

10. 上体を左へ向
けて、右足はつま
先を内に入れます。

11. 右手は顔の
前を通して、左
へ伸ばします。

12. 右足に重心
をかけて、両手
を右側へ移し、

16

13. 左足を引き寄せます。右手をつまみ、左手は手前に返します。

14. 左足を左前に踏み込み、

15. 上体を左へ向けて、左手を左へ払います。

１．左単鞭の続きより、

２．重心を左足にかけ、右手は右横を払って、

３．前方へ伸ばし、右足は軽く引き寄せます。

4. 左手は左を払い、前に引き上げ、

5. 右手を手前に引きます。

6. 左足は軽く上げます。

7. 両手の幅を狭めて縦に並べます。左足はカカトを着けます。

1．左琵琶勢の つづきより、	2．左足は、手前に 軽く引き上げます。	3．左足は左 前に踏んで、	4．そのまま重 心をかけ、上体 を左へ向けます。

 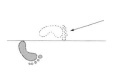    

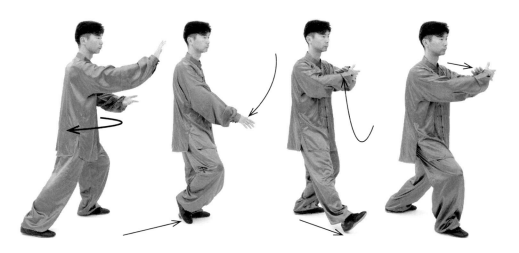

5．左手は弧を描
いて右へ払います。

6．右足を引き寄せま
す。両手は指先を揃え
たまま、腹部へ下ろし、

7．両手を胸まで
あげて、右足を左
前へ踏み込み、

8．左手は右手首
に合わせ、両手を
前に伸ばします。

21

9．右手は上、左手は下へ返します。

10．後ろへ重心をかけ、右足はつま先を上げます。

11．右足はつま先を内に入れ、

12．左手は右腕の上を通します。

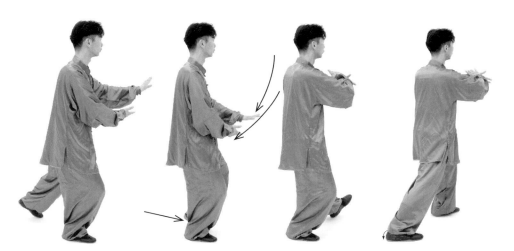

13. 右足に重心を
かけ、左手は弧を描
いて左へ払います。

14. 左足を引き寄
せます。両手は腹
部へ下ろします。

15. 左足を左前へ
踏み込み、両手は
胸まであげます。

16. 前足に重心
をかけ、両手を前
に伸ばします。

23

17. 左手は上、右手は下へ返します。

18. 後ろへ重心をかけ、左足はつま先を上げます。

19. 左足はつま先を内に入れ、右手は左腕の上を通します。

20. 左足に重心をかけ、上体を右へ向けます。

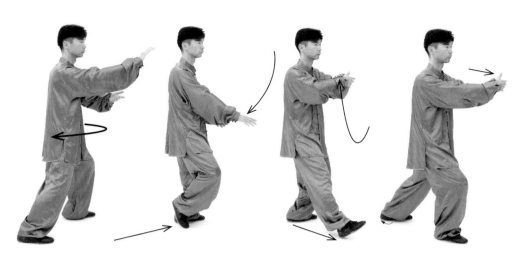

21．右手は弧を描いて右へ払います。

22．右足を引き寄せ、両手は腹部へ下ろします。

23．右足を右前へ踏み込み、両手は胸まであげます。

24．前足に重心をかけ、両手を前に伸ばします。

1．捋擠勢の
つづきより、

2．後ろへ重心をかけ
て、つま先を上げます。

3．上体を右へ向
けて、右足はつま
先を外へ開きます。

4．両手は上下
に開きます。

5. 両手は弧を描いて左右に回します。

6. 左足を引き寄せ、左手は腹部を通して拳を握ります。

7. 左足は左前に踏み込みます。

8. 左手は前方へ打ち込み、右手を真下へ腰まで下ろします。

9. 左足はつま先
を外へ開きます。

10. 上体を左へ向けて、
左手は腰に引き寄せます。

11. 右手は前に伸ばし、

12. 右足を右前に
踏み込みます。

13. 右足に重心をか
け、左拳が縦になるよ
うに回転させます。

14. 左手は前に伸ばし、
右手は左ヒジに添えます。

第07式　左掤捋擠按 （パン・リュウ・ジー・アン）

1．左搬攔捶の
つづきより、

2．後ろへ重心をかけ
て、つま先を上げます。

3．上体を右へ向
けて、右足はつま
先を外へ開きます。

4．両手は弧を描い
て左右に開きます。

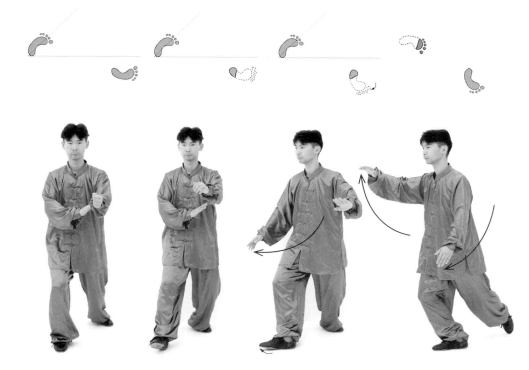

5．左足を引き寄せま
す。左手は腹部、右
手は顔前を通します。

6．上体をやや左
へ向けて、左足は
左前に踏み込み、

7．左手を手前に
返して前に上げ、
右手は真下へ腰ま
で下ろします。

8．上体を左へ向
けて、右手は左手
に合わせ両手の指
先を揃えます。

31

9．上体を右
へ向けて、

10．両手は腹部
の前を通して、

11．水平になるまで
右へ払います。

12．上体を左へ
向けて、両手を胸
前で合わせます。

13. 前足に重心を
かけて、両手を前
に伸ばします。

14. 後ろに重心
をかけて、両手は
肩幅ほどに開き、

15. 腰へ下ろします。

16. 前足に重心を
かけて、両手を前
に押し出します。

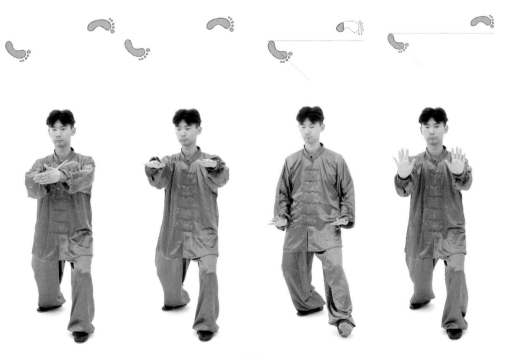

1．左掤捋擠按
のつづきより、

2．右足に重心を
かけて、左足はつ
ま先を上げます。

3．上体を右へ
向けて、両腕を
右へ移します。

4．左足に重心を
移し、右足はカカ
トを内に入れます。

5．右足を引き寄
せ、胸の前で両手
を交差させます。

6．上体を
右へ向けて、

7．右足を右前
に踏み込み、両
手を握ります。

8．前足に重心を
かけて、両手を上
下に開きます。

1. 斜身靠の つづきより、	2. 左足に重心 をかけ、上体 を左へ向けて、	3. 右足はつま先 を内に入れます。	4. 右手は下に返し て体の前へ伸ばし、 左手は内に返します。

5．上体を
右へ向けて、

6．左足を引き寄せ
ます。右手を上、左
手を下へ移します。

7．左足を左へ
踏み込み、

8．左足はつま先
を外へ開きます。

9．右足は、つま先を軸にカカトを外へ開きます。

10．左手を左、右手を右へ払います。

11．右足を少し引き寄せ、右手は前へ伸ばし、左手は腰まで下げます。

12．右手は体の前で握り、

13. 左手は右腕
の中を通して、

14. 顔まで
上げます。

15. 右足に重心
をかけて、左足
を軽く上げます。

16. 上げていた左足
は、カカトを着け、左
手は前に伸ばします。

1．肘底捶の
つづきより、

2．上体を右へ向け
て、右手は腹部を通
し、右へ払います。

3．右腕を水平にしたときに、
手のひらを上に返します。

4．右手はヒジを
曲げて、顔の横へ
引き寄せます。

5．左足は、弧を描き
ながら後ろへ引きます。

6．左足に重心をかけて、
左手を腰まで引き寄せ、
右手は前に押し出します。

41

7．上体を左へ向けて、

8．左手は腹部を通して、左へ払います。

9．左腕を水平にしたときに、手のひらを上に返します。

10. 左手はヒジ
を曲げて、顔の横
へ引き寄せます。

11. 右足は弧を描きな
がら後ろへ引きます。

12. 右足に重心をかけて、
右手を腰まで引き寄せ、
左手は前に押し出します。

43

13. 上体を右へ向けて、

14. 右手は腹部を通し、右へ払います。

15. 右腕を水平にしたときに、手のひらを上に返します。

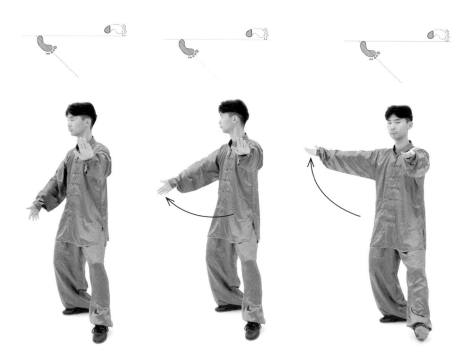

16. 右手はヒジを曲げて、顔の横へ引き寄せます。

17. 左足は、弧を描きながら後ろへ引きます。

18. 左足に重心をかけて、左手を腰まで引き寄せ、右手は前に押し出します。

19. 上体を左へ向けて、

20. 左手は腹部を通して、左へ払います。

21. 左腕を水平にしたときに、手のひらを上に返します。

22. 左手はヒジ
を曲げて、顔の横
へ引き寄せます。

23. 右足は弧を描きな
がら後ろへ引きます。

24. 右足に重心をかけて、
右手を腰まで引き寄せ、
左手は前に押し出します。

1．倒捲肱の
つづきより、

2．左足を後方へ
引き寄せて、つ
ま先を着けます。

3．左足はカカトを
内に、右足はつま先
を内側に入れて、

4．上体を左へ
向けて、右手は
顔へ寄せます。

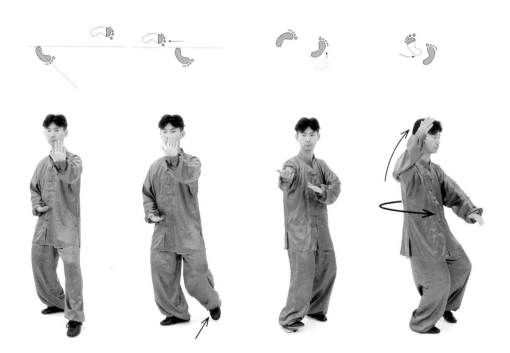

5. 左足を左前に踏
み込み、左手は腰へ
水平に払います。

6. 左足に重心
をかけて、上体
を左へ向けます。

7. 右足を軽く引
き寄せて、つま先
を着け、右手は体
の前へ伸ばします。

8. 右足はカカトを
着け、左足はつま先
を内に入れます。

49

第11式 転身推掌 (ジョアン・シェン・トエイ・ジャン)

9．上体を右へ向けて、右足はカカトを上げます。

10．左手を顔へ寄せ、右手を腹部へ下ろします。

11．右足を右前に踏み込み、右手を腰まで水平に払います。

12．左足を軽く引き寄せ、左手は前に伸ばします。

13. 右足はつま先を内に入れ、両足を八の字にします。

14. 上体を左へ向けて、左足を上げます。右手は顔に寄せ、左手を腹部へ下ろします。

15. 左足を左前に踏み込み、左手は腰へ水平に払います。

16. 右足を軽く引き寄せ、右手は体の前へ伸ばします。

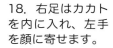

17. 上体を右へ向けて、左足は内に入れます。

18. 右足はカカトを内に入れ、左手を顔に寄せます。

19. 上体を右へ向けて、右足を右前に踏みます。

20. 左足を軽く引き寄せます。左手は軽く伸ばし、右手は腰へ水平に払います。

1．転身推掌のつづきより、左足は左横へ踏んで上体を右へ向けます。

2．左足に重心をかけて、両手を前後に入れ替えます。

3．右足を軽く上げます。

4．右足は、カカトを着け、両手のひらを内に返し、間隔を狭めます。

1．右琵琶式
のつづきより、

2．右足を引き寄
せます。両手は腹
部へ下ろします。

3．上体を左へ向け
て、両手を手前に返
し、胸まで上げます。

4．右足を右前に踏
み込み、前足に重心
をかけて、両手を体
の前へ払います。

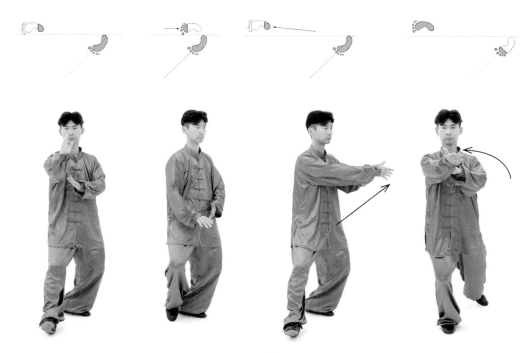

５．左足を引き寄せてつま先を着け、両手を右へ払います。

６．左足に重心をかけて、上体を左へ向けます。

７．左手は、腹部、右手は顔を通します。

８．左手は左へ伸ばして、右手を体の前を払います。右足は、カカトを少し上げます。

17. 右足は右前へ踏み込みます。	18. 左手を握って顔に寄せ、右手は腹部へ下ろします。	19. 上体を前に傾けて、左手は下に向かって伸ばし、右手は右腰まで水平に払います。

1．摟膝栽捶のつづき
より、後ろ足に重心を
かけて、右足はつま先
を内に入れます。

2．上体を左へ向けて、
左手を顔に引いて、右手
は返しながら上げ、左足
はカカトを上げます。

3．左手は、体の前
に向かって打ち出し、
右手は顔に寄せます。

4．上げた左足は
カカトを着け、つ
ま先を外へ開き、

5．右足は、カカトを上げ
ます。左手は腰へ引いて、
右手は前に伸ばします。

6．左手を左へ払い、両
手のひらを上に向けて、

7. 左手を顔へ寄せ、右足は前に踏み込みます。

8. 上げた右足はカカトを着け、

9. つま先を外へ開き、左足はカカトを上げます。右手は腰へ引いて、左手は前に伸ばします。

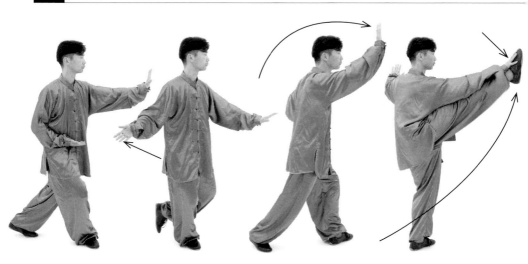

1．白蛇吐信
のつづきより、

2．右手は後方
へ回し、左手は
下ろします。

3．左足を前に踏み
込み、右手は後ろか
ら前へ回し、左手は
左腰横を通します。

4．右足を前へ蹴り
上げて、右手で叩き
ます。左手は、左横
へ伸ばします。

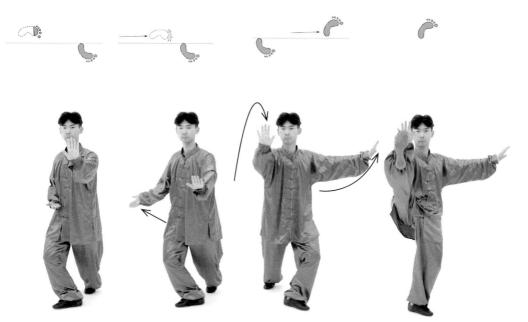

5．右足はヒザ
を曲げて、つま
先を下へ垂らし、

6．上体を右へ
向けて、両手を
右へ払います。

7．右足は左足
をまたぐように
して踏み込み、

8．左足は、カ
カトを上げてか
ら跳ねあげます。

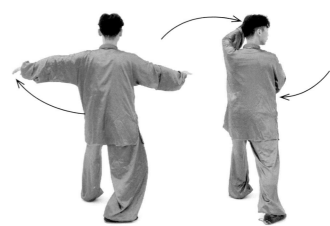

9.左足を踏み込みます。上体を左へむけて、左手を体の左へ払います。右手は軽く下ろします。

10. 左足に重心をかけ、左手を上、右手を下に開いて、

11. 体の正面で、両手を握ります。

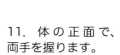

12. 上体を右へ向けて、左足はつま先を内に入れます。

13. 両手を開いて、右手は左ヒジの上を通し、

14. 右手は左腕の上を通してから体の前へ伸ばします。

15. 左手は左腰へ下ろします。右足を左足へ引き寄せます。

第15式　拍脚伏虎 （パイ・ジャオ・フー・フゥ）

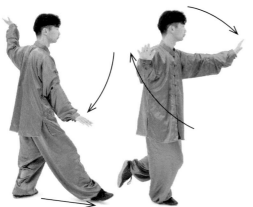

16. 右足を右前に踏み込み、右手を下ろし、左手は後ろへ回します。

17. 右足に重心をかけ、

18. 左足を前に蹴り上げて、左手で叩きます。右手は右横へ伸ばします。

19. 左足はヒザを曲げて、上体を左へ向けながら、両手を左へ払います。

20. 左足は右足をまたぐようにして踏み込み、

21. 右足をカカトを上げてから跳ね上げます。

22. 右足を踏み込みます。上体を右へ向けながら、両手は後ろから体の前へ払います。

23. 右足に重心をかけ、右手を上、左手を下に開いて両手を握ります。

1．拍脚伏虎の
つづきより、

2．左足に重心をか
け、右足はつま先を
上げて内に入れます。

3．上体を右へ向
けて、左手は右腕
の上を通して、

4．左へ払います。

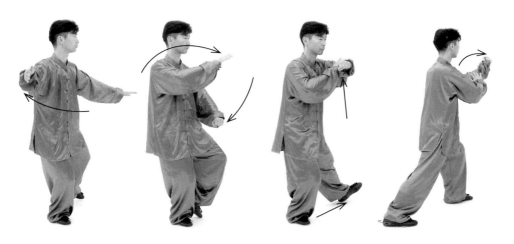

5．右手を上、左
手を下に回して、

6．左手は握
り、左足は、
引き寄せます。

7．左足を左へ
踏み込みます。

8．左手は、左へ弧を
描いて前に、打ち出し、
右手は左腕に添えます。

１．左撇身捶
のつづきより、

２．後ろに重心をか
けて、左足はつま先
を外へ開きます。

３．左手は、開
いてから顔まで
上げ、右手は腹
部へ下ろします。

４．上体を左へ向
けて、両手が体の
前で弧を描きます。

5．右足は、
引き寄せます。

6．上体を下げて、
右足を横へ開きます。

7．両手を握り、
前後に開きます。

1．穿拳下勢の
つづきより、

2．右足はつま先を
外へ開いて、右手は
前に伸ばします。

3．左足はつま先を内に入れ、

4．両手のひら
を開きます。

5．右手はヒジ
を曲げて体に寄
せ、左手は右腕
の中を通します。

6．左足を上げて片
足立ちになります。

7．左手は上、右手
は下に返し、両手を
上下に開きます。

8．上体を右へ
向けて、左足を
下ろします。

9．左手は、胸
前へ、右手は腰
横へ移します。

10．左足に重心をか
けて、右手は、左腕
の中を通します。

11．右足を上げて
片足立ちとなりま
す。右手を上、左手
は下に返し、両手を
上下に開きます。

1．独立撐掌のつづきより、前足に重心をかけて、	2．右手は下げて上に返し、	3．左手は、右腕の上を通して左へ払います。

4．上体を右へ向けて、

5．両手を腹部まで
引き寄せます。

6．右手は手前に返し、
左手首に合わせます。

7. 重心を左足にかけ、
上体を左へ向けて、

8. 両手を左へ払います。

9. 右足に重心をかけて、
左足はつま先をあげます。

10．左足はつま先を内に入れます。

11．左手は、顔に寄せてから体の前へ伸ばします。

12．重心を左足にかけ、上体を左へ向けて、

 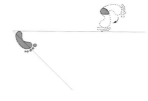

13. 左手はつまみ、
右足を引き寄せます。

14. 上体を右へ向けて、
右足を右前へ踏み込み、

15. 右弓歩となり、
右手は外へ返します。

1．右単鞭のつづきより、

2．後ろへ重心をかけ、上体を左へ向けて、右足はつま先を上げます。右手は腰へ下ろします。

3．左手を開き、両手は左へ払います。右足はつま先を内に入れます。

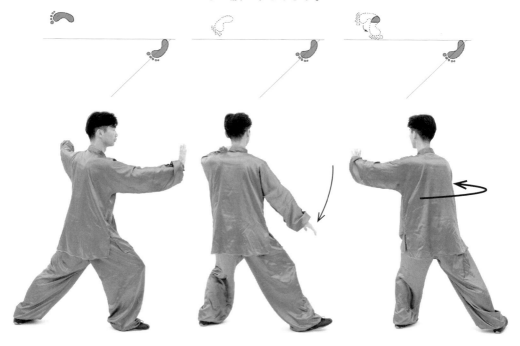

4．両手を上下に入れ替え
　て、重心を右足にかけます。

5．上体は右へ向けて、
　　右手は顔、左手は腹
　　部を通します。左足は、
　　カカトを上げます。

6．両手を右へ払い、
　　右手は外、左手は上に
　　返し、左足を引き寄せ
　　て、つま先を着けます。

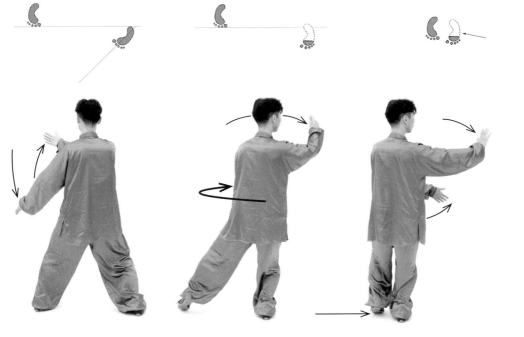

７．体の右側で両手を
上下に入れ替えて、

８．左手は顔前を、
右手は腹部前を通し、
体の左側へ払います。

９．右足を右横へ踏み込み、

10. 両手を上下に入れ替え
て、重心を右足にかけます。

11. 上体は右へ向けて、
右手は顔、左手は腹部
を通します。左足は、
カカトを上げます。

12. 両手を右へ払い、
右手は外、左手は上に
返し、左足を引き寄せ
て、つま先を着けます。

13. 体の右側で両手
を上下に入れ替えて、

14. 左手は顔前を、
右手は腹部前を通し、
体の左側へ払います。

15. 右足を右横へ踏み込み、

16. 両手を上下に入れ替え
て、重心を右足にかけます。

17. 上体は右へ向けて、
右手は顔、左手は腹部
を通します。左足は、
カカトを上げます。

18. 両手を右へ払い、
右手は外、左手は上に
返し、左足を引き寄せ
て、つま先を着けます。

1．右雲手のつづきより、

2．右手は腰、左手は胸を弧を描いて通します。

3．右足はカカトを上げます。

4．両手は動かさずに、右足を踏み込みます。

5．左手を真下へ下ろし、

6．右手は伸ばして弧を描きながら前に払います。左足は、カカトを外へ蹴り出します。

21 第21式　右左分鬃　（ヨウ・ズォ・フェン・ゾン）

７．後ろに重心をかけ、　　　８．右足はつま先　　　　９．右足に重心をかけて、
　　　　　　　　　　　　　　を外へ開きます。

10. 左足を引き寄せます。右手を上、左手を下に返して手前に引き寄せます。

11. 左足を左前に踏み込みます。

12. 左手は伸ばして弧を描きながら前に払います。右足は、カカトを外へ蹴り出します。

1．右左分鬃のつづきより、

2．左足に重心をかけて、

3．右足は軽く
引き寄せます。

４．右足に重心をかけて、両手のひらを上に向けます。

５．右手は顔へ寄せて、左足を軽く上げます。

６．上体を左へ向けて、右手は前に伸ばし、左足はつま先を着けます。

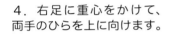

89

1．高探馬のつづきより、　　2．左足を引き寄せて、　　3．左手は左へ、右手は右へ回します。

４．左足を左前に
踏み込みます。

５．右手は左腕の上
を通して右へ払い、

６．左手は腹部を通
して左へ回します。

91

7．両手を回して、　　　　8．左足に重心をかけて、　　9．右手を外、左手を
内にして手前に返し、

10. 体の前で交差させ、片足立ちにします。

11. 左手は左後ろへ、右手は右前へ開きます。

12. 右足は、右手の方向と合わせて蹴り上げます。

1．右左分鬃のつづきより、

2．右足はヒザを曲げて、つま先を下に向けます。

3．両手は、顔の前で揃えて手前に返します。

４．右足を軽く踏み込んで、

５．そのまま重心を
かけます。両手は真
横に開いて回します。

６．両手は、左右に大
きく開いて拳を握り、
前に打ち込みます。

１．双峰貫耳のつづきより、

２．後ろに重心を
かけて、両手は手
のひらを開きます。

３．右足はつま先を
外へ開きます。両手
は左右に開きます。

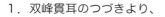

96

4．左足を上げてヒザを曲
げ、片足立ちになります。

5．両手を左右に回
して、体の前で右手
を内側、左手を外側
にして交差させます。

6．右手は右後ろへ、
左手は左前へ開きます。
左足は、左手の方向と
合わせて蹴り上げます。

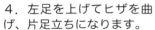

1. 左蹬脚のつづきより、

2. 左足はヒザを曲げて、つま先を下へ向けます。

3. 両手は、体の前で揃え、手前に返します。

４．上体を下げて、左足はつ
ま先を着けます。左手は、手
のひらを返して右腰へ下ろし、
右手は拳を握ります。手の甲
を左手のひらに合わせます。

５．左足を左へ
踏み込みます。

６．左手は腹部を通し
て、左腰へ引き、右手
は拳を握って、体の前
へ下から打ち上げます。

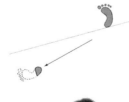 

1. 掩手撩拳の
つづきより、

2. 左足に重心を
かけて、右足を軽
く引き寄せます。

3. 右手を手前、左
手を下へ返します。
左足は軽く上げます。

4. 左足はつま先を
着け、左手は水平に
左腰へ払い、右手は
下に伸ばします。

1. 上体を起こして、左手を右手首に合わせます。

2. 両手を顔前へ上げ、右手を上に返し、左足を引き寄せます。

3. 左足を左前に踏み込み、

4. 左手を前へ、右手は上に伸ばします。

１．閃通臂のつづきより、

２．後ろに重心をかけて、

３．左足はつま先を内へ入れます。両手をそのままにして、上体を右へ向けます。

4．左足はつま先
を着け、右足はカ
カトを内に入れま
す。両手を固定し、
右へ払います。

5．右足を引き寄
せ、左手を胸前で手
前に返し、右手を
腹部へ下ろします。

6．右足を上げ
て、片足立ちと
なり、右手を左
手に合わせます。

7．右足はヒザを伸
ばし、蹴り上げてつ
ま先を伸ばします。
両手を左右に開き、
右手を右足と同じ方
へ伸ばします。

8．右足はヒザを曲げて上体を下げます。

9．右手は上に、左手は下へ返し、右ヒジの内へ添えます。右足はカカトを着けます。

10．右足に重心をかけます。左手は右腕の上を通してから左へ払い、

11．右手は腹部へ下ろします。

12. 両手を左
右に回して、

13. 左足を上げ
てヒザを曲げ、
片足立ちになり、

14. 体の前で
右手と左手を
交差させます。

15. 右手は右後ろへ、
左手は左前へ開きます。
左足は、左手の方向と
合わせて蹴り上げ、つ
ま先を伸ばします。

105

第 30 式　摟膝拗歩 （ロウ・シー・アオ・ブー）

１．右左分脚のつづきより、

２．左足はヒザを曲げて、つま先を下に向けます。左手を内側へ払います。

３．左足はつま先から下ろします。

106

４．右手はヒジを
曲げて顔に寄せ、

５．左脚を左前に踏
み込んで、左手は腹
部前を払います。

６．重心を左足にかけて、右足は
カカトを外へ蹴り出します。上体
を左へ向けて、左手は水平に左腰
へ払い、右手は前に押し出します。

7．重心を後ろにかけて、
左足はつま先を上げ、

8．つま先を外へ開
いて重心をかけます。

9．右足を引き寄せ、

10. 右手は胸前を払い、左手は左横へあげます。

11. 左手はヒジを曲げて顔に寄せ、右足を右前に踏み込んで、右手は腹部前を払います。

12. 重心を右足にかけて、左足はカカトを外へ蹴り出します。上体を右へ向けて、右手は水平に右腰へ払い、左手は前に押し出します。

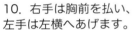

1. 摟膝拗歩
の続きより、

2. 重心を後ろ
にかけて、右足
はつま先を上げ、

3. つま先を
外へ開いて重
心をかけます。

4. 左手は上に
向けながら下ろ
し、右手は左腕
の上を通します。

5．左足を引き寄せて、両手は左右に回します。

6．左足は左前に踏み込み、左手は下へ返し、右手は腰に引いて、両手は拳を握ります。

7．左足に重心をかけて、右手を前に伸ばし、左手は右腕の下に添えます。右足は、カカトを外へ蹴り出します。

1．上歩擒打の続きより、

2．左手は前に伸ばし、両手を上に返します。

3．右足は、軽く引き寄せます。

4. 体重を後ろ
にかけて、

5. 両手を胸に
引いてから、

6. 左足は左前に
踏み込みます。手
のひらを下に向け
て腰へ下ろします。

7. 体重を左足にか
けます。上体を前に
移しながら、両手は
前に押し出します。

1．如封似閉のつづきより、

2．上体を右へ向けて、左足はつま先を上げます。左手は真下へ下ろします。

3．右手は顔前、左手は腹部前を通して、右へ払います。左足は、つま先を内に入れます。

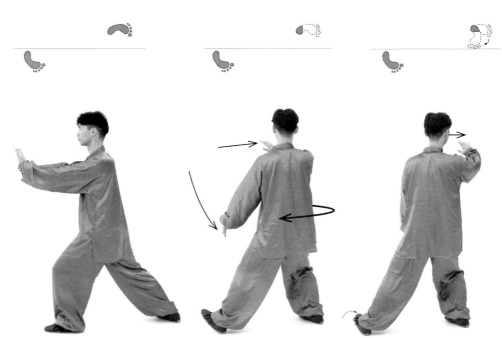

4．右足に重心を
かけて、両手を体
の右側へ移します。

5．右手は真下に
下ろし、左手を上
げて、両手を上下
に入れ替えます。

6．左足に重心を
かけて、左手は顔
前、右手は腹部前
を通します。

7．上体を左へ
向けて、両手を
左側へ移します。
右足を左足まで
引き寄せます。

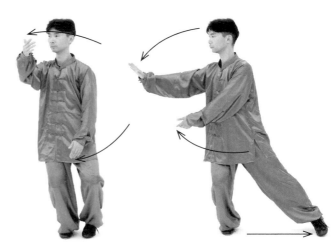

8. 左手は真下に下ろし、右手を上げて、両手を上下に入れ替えます。

9. 左足はカカトを上げます。右手は顔前、左手は腹部前を通して、右へ払います。

10. 右足に重心をかけて、両手を体の右側へ移し、左足を左へ踏み込みます。

11. 右手は真下に下ろし、左手を上げて、両手を上下に入れ替えます。

12. 左足に重心をかけて、左手は顔前、右手は腹部前を通します。

13. 上体を左へ向けて、両手を左側へ移します。右足を左足まで引き寄せます。

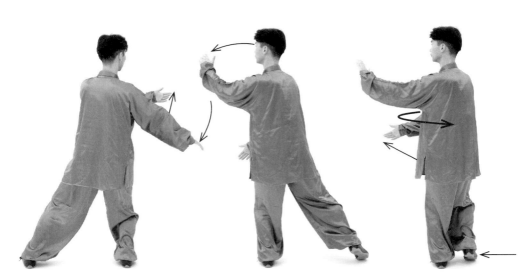

33 第33式 左雲手 （ズォ・ユン・ショウ）

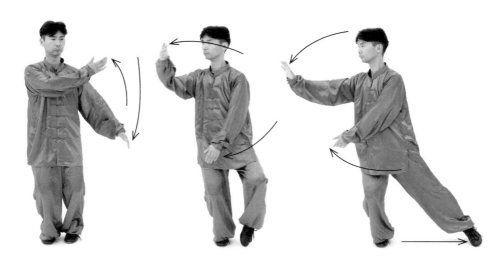

14．左足はつま先を上げ
ます。右手は真下に下ろ
し、左手を上げて、両手
を上下に入れ替えます。

15．右手は顔前、左
手は腹部前を通し
て、右へ払います。

16．右足に重心をかけて、
両手を体の右側へ移し、
左足を左へ踏み込みます。

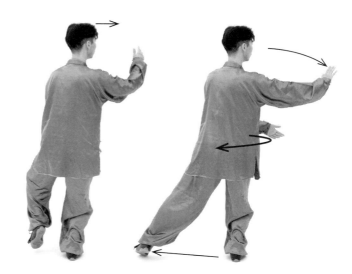

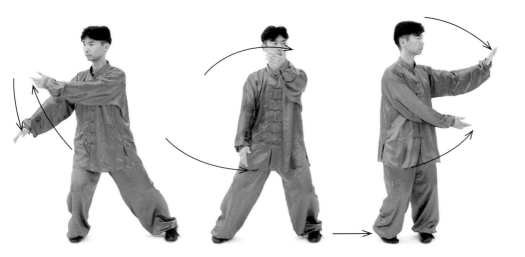

17. 右手は真下に下ろ
し、左手を上げて、両手
を上下に入れ替えます。

18. 左足に重心をかけ
て、左手は顔前、右手
は腹部前を通します。

19. 上体を左へ向けて、両
手を左側へ移します。右足
を左足まで引き寄、つま先
をやや内側に傾けます。

1．左 雲 手
の続きより、

2．左手を下ろし
ながら上に返し、

3．右手は左腕の
上を通して、左足
を引き寄せます。

4．右手を右
に払います。

5．左足に重心を
かけて、体の前で
両手を回します。

6．左手は上か
ら、右手は下か
ら回し、右足は
引き寄せます。

7．右足を右
前に踏み込み、

8．右手は弧を描いて
右へ打ち込み、左手は
右ヒジに添えます。

35 第35式 左右穿梭 （ズォ・ヨウ・チョアン・スオ）

1．右撇身捶の
つづきより、

2．重心を後ろにか
け、右手は拳を開き、
右手を上、左手は下
に返します。

3．右足に重心
をかけて、右腕
の上を通して、

4．両手を左
へ払います。

122

5．後ろ足を引き寄せ、

6．両手を腹部前へ下ろします。

7．左足を左へ踏み込みます。両手を胸前へ上げながら、右手を左手首に合わせます。

8．重心は左足にかけ、両手を前に伸ばします。

9．右足を軽く引き寄せて、

10．上体を右へ向けます。左手を内に、右手を下に返し、左ヒジに添えます。

11．上体を左へ向けて、左足を左へ踏み込みます。

12．左手は上げながら上に返し、右手は左足と同じ方へ伸ばします。

13. 後ろに重
心をかけて、

14. 上体を右へ向
けます。両手を右へ
払い、左手は上、右
手は下に返します。

15. 右手は左腕
の上を通して、

16. 両手を右
へ払い左足に重
心をかけます。

125

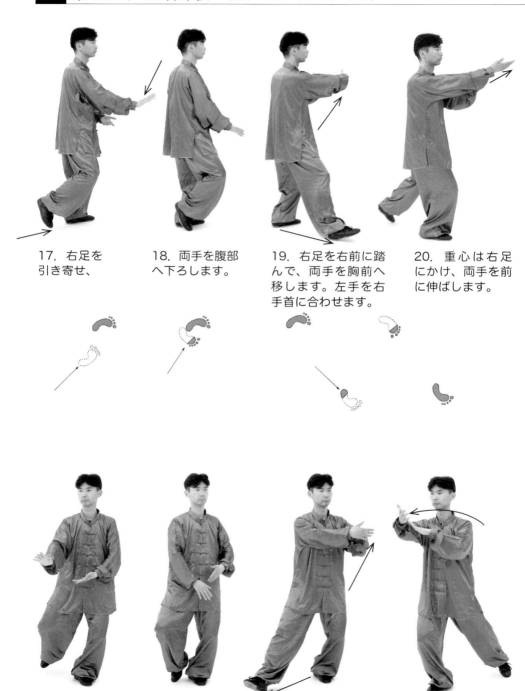

17. 右足を引き寄せ、

18. 両手を腹部へ下ろします。

19. 右足を右前に踏んで、両手を胸前へ移します。左手を右手首に合わせます。

20. 重心は右足にかけ、両手を前に伸ばします。

21. 左足を軽く
引き寄せて、上体
を左へ向けます。

22. 右手を内に
返し、左手を胸
へ引き寄せます。

23. 上体を右へ
向けて、右足を右
へ踏み込みます。

24. 右手は上げてから
上に返し、左手は左足
と同じ方へ伸ばします。

1. 左右穿梭の
つづきより、

2. 左足に重心
をかけます。

3. 右手を前に伸ば
しながら上に返し、
左手は下ろします。

4. 右足を引
き寄せます。

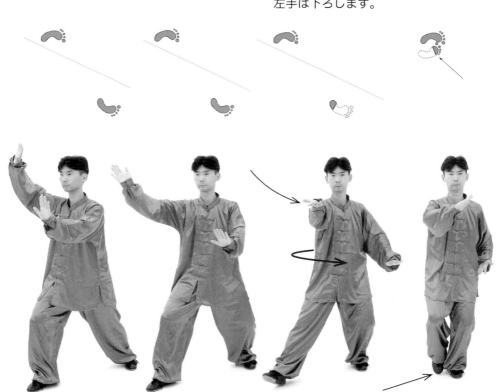

５．右手を下、左手は上に返し、左腰へ引き寄せます。	６．右足を後ろへ引き寄せます。	７．左手は、右腕の上を通して前に伸ばし、右手は胸前に引き寄せます。

1．退歩穿掌のつづきより、

2．後ろに重心をかけ、上体を右へ向けて、左足はつま先をあげます。

3．左足はつま先を内に入れ、左手はヒジを曲げて、右手は腹部へ下ろします。

4．左足に重心をかけて、

5．右足は軽く上げます。左手は顔前へ、右手は腹部前を水平に払います。

6．右足はつま先を着けます。左手は、下ろしながら下へ返します。上体は軽く前傾させます。

1．虚歩圧掌のつづきより、

2．上体を起こして、右手を上に返し、体の正面へ移します。

３．左手を外側に向けて左横へ、
右手は体の前へ上げていきます。

４．右足を上げてヒザを曲
げ、片足立ちになります。

1. 独立托掌
のつづきより、

2. 左足はヒザを曲
げて、上体を下げ、

3. 右足はカカ
トを着けます。

4. 上体を右へ向け
て、右手は右腰を通
して右横へ伸ばし、

5．左手は顔前を
払います。左足を
引き寄せます。

6．左足を左前へ踏み
込みます。右手はヒジ
を曲げて顔に寄せます。

7．右手は左腕の内側に合
わせ、左手は腹部前に下ろ
して拳を握ります。しゃが
みこんで上体を下げます。

1．馬歩靠のつづきより、

2．上体を左へ向けて左手を開き、両手を左側へ回します。

3．両手を揃えながら右側へ払っていき、

４．左足はつま先
を外に開きます。

５．重心を左足に
かけて、右足はカ
カトを上げます。

６．左手・右手共に
内へ、上に返します。

7．右足を引き寄せて、両手を左側へ向けます。	8．上体を左へ開いて、	9．左足 はカカトを外へ回します。

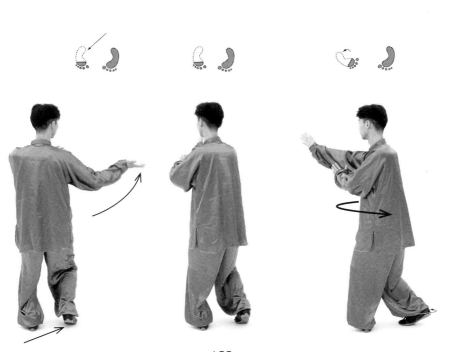

5．左足は後ろに引きます。両手は手前に返して、体の右側へ払います。

6．上体を左へ向けて、左足に重心をかけます。

7．右足を外へ蹴り出します。両手を握り、左手は左腰へ、右手は体の前に移します。

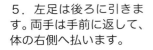

１．転身大将の
つづきより、

２．右手は手前に捻り、
顔の前に引き寄せます。

３．左手は、腰に着け
たまま、ヒジを前に出
すようにして回します。

4．両手を開いて、
両腕を前後に回し、

5．左手は前に上げ、

6．右手は後ろから腰横
を通して前に上げます。

141

7．右足は引き寄せ、

8．両手を体の正面にあげ、

9．上体を右へ向けて、両手は右へ払います。

10. 右手は、つまみます。

11. 重心を下げて、左足を左横へ開きます。

12. 左手は、左足の内側に沿ってつま先の方へ移します。

143

1．撩掌下勢のつづきより、

2．左足はつま先を外へ開き、左足へ重心をかけます。

3．右足はつま先を内に入れます。左手は体の前へ上げ、右手は手前に捻って下ろします。

４．左足に重心をかけ、
右足を引き寄せます。

５．右手を握り、
体の前へ上げます。

６．右足を前に踏み込ん
で、つま先を着けます。
左手を手前、右手を外に
して、両手を合わせます。

43 第43式 独立跨虎 （ドゥ・リー・クア・フゥ）

１．上歩七星の
つづきより、

２．右足を後ろへ引きます。

３．上体を右へ向けて、両手
を開いて、　左手は顔前を通
し、右手は腹部へ下ろします。

146

4．両手を上下に入れ替えてます。重心を右足にかけ、左足を上げます。

5．上げている左足を右へ移して、つま先を着けます。左手は左腰へ払い、右手は下ろしながら、上に返します。

5．両手を左右に開き、右手は指先を上に向け、左手はつまみます。左足はつま先を上に向けて、左へと上げます。

147

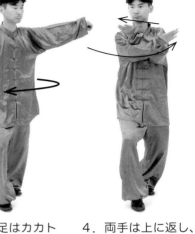

1．独立跨虎の
つづきより、

2．上体を下げ、
左足を下ろしてつ
ま先を着けます。

3．右足はカカト
を上げて、つま先
を軸にカカトを内
に回します。上体
を右へ向けます。

4．両手は上に返し、
左手を胸前へ、右手
は腹部前に移します。

5．上体を右へ向けて、両手を体の右側に払い、手のひらは右横へ向けます。

6．右足を左から右へと蹴り上げます。両手で蹴り上げた足の甲を叩きます。

7．右足はヒザを曲げて、つま先を下へ向けます。両手を体の左側へ払い、両手を外に返します。

1．転身擺蓮
のつづきより、

2．上体を下げて、
右足を下ろしてカカ
トを着けます。両手
は腹部前を通します。

3．上体を右へ向けて、
両手を体の右へ払います。
両手は、拳を握ります。

4．右足に重心をか
けて、上体を右へ向
けます。両手は体の
左側へ伸ばします。

１．左足に重心をかけて、右足はつま先を内に入れます。左手は上、右手は下に返して左腕に添えます。

２．右手は外へ返して上げ、左手は腹部の前に下ろします。

３．左足に重心をかけて、右足を上げます。両手は、体の前で弧を描いて回します。

４．左手は上、右手は下へ回して、右手は握ります。左足は、引き寄せます。

5．右手は胸
前を通して、

6．右足は右前に踏み
込みます。右手は体の
前へ打ち込み、左手
は真下に下ろします。

7．右足はつま
先を外へ開き、

8．重心をかけ
ます。両手を左
右に開きます。

10. 左足を引き寄せます。左手は体の前へ伸ばし、右手は右腰に引きます。

11. 右足に重心をかけて、左足を左前に踏み込みます。

12. 左足に重心をかけて、右手を前に伸ばします。右足は、カカトを外側に蹴り出します。右手を伸ばした腕に左手を添えます。

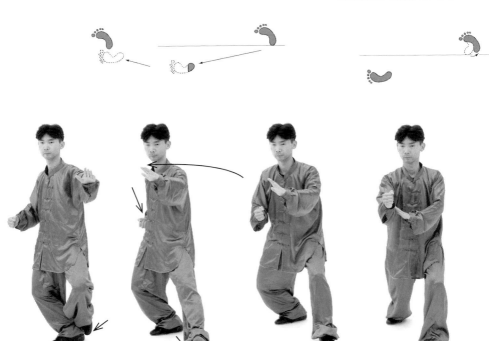

153

1．右搬攔捶のつづきより、

2．後ろに重心をかけて、左足はつま先を上げます。

3．右手は手のひらに変え、左手は弧を描いて腰前を通します。

4. 上体を左へ向けて、右足は、引き寄せます。

5. 体を右へ向けて、右足は、右前に踏み込みます。

6. 左手は真下へ下ろし、右手は手の甲を前に向けて、体の前へ上げます。

7．左手は右手と揃えて、指先を右前へ向けます。

8．体を左へ向けて、両手は腹部の前を通して、左側へ払います。

9．体を右へ向け、左手を引き寄せて、右手の内側に合わせます。

10. 重心を右足にか
けて、上体を前に移し
ながら、合わせた両手
を前に押し出します。

11. 両手を左右に開いてから、
後ろに重心をかけます。上体
を引きながら、両手を胸に引
いて、腰へ下ろします。

12. 重心を右足にかけ、
上体を前に移しながら、両
手は、前に押し出します。

1．上体を左へ向けて、両腕を左へ移します。右足はつま先を内に入れます。

両腕を体の正面へ移したら、両手を左右に開きます。右足はつま先を着け、左足はつま先を外側へ開きます。

3．左足はつま先を内に入れてから、中に引き寄せます。

終 収 勢 （ショウ・シー） **shōu shì**

1．両手は、腹部前を通して、胸の前で交差させます。

2．両手は、下に返して、前に伸ばします。

3．両手は、腰へ下ろし、

4．左足は、カカトを上げ、

5．左足を引き寄せて、48式太極拳を終わらせます。

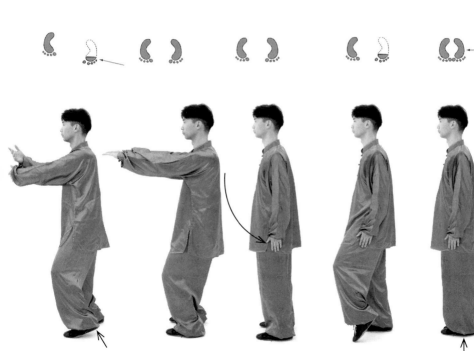

159

著者略歴

大畑 裕史 (おおはた・ひろふみ)

1974年、埼玉県生まれ。1993年3月〜99年7月に渡り、
北京体育大学に留学。1997年、武術太極拳技術等級、国家
1級取得。
1998年、同大学武術学部、卒業。
現在、埼玉県内（坂戸市、上尾市、川越市、東松山市、ふ
じみ野市）において指導を行っている。
2006年春、太極拳スタジオ氣凛を設立。（東上線「北坂戸駅」）
個人レッスン、少人数制クラスを中心に指導をしている。

■スタジオ氣凛 http://taikyoku.daa.jp
住所：埼玉県坂戸市薬師町２２−３　２階
電話：049-281-3471　E-mail：info@kirin.ohhata.com

超スロー　48式太極拳 DVD 2枚

2022年10月25日　初版発行

著　者　　大畑裕史
発行者　　今堀信明
発行所　　株式会社　愛隆堂（Airyudo）

〒102-0074
東京都千代田区九段南 2-5-5
電　話　　03（3221）2325
ＦＡＸ　　03（3221）2332
振　替　　00110-4-553

印　刷　　モリモト印刷株式会社
製　本　　有限会社　島川製本所

ISBN978-4-7502-0353-9　　　Printed in Japan